Animales en

escrito por Tess
adaptado por Paul Leveno

Palabras ilustradas

 caballos

 cerdos

 ovejas

 pollos

vacas

Palabras reconocibles

las

los

nosotros

vemos

3

Nosotros vemos los .

pollos

Nosotros vemos las  .

vacas

Nosotros vemos los   .

caballos

Nosotros vemos los  .

cerdos

Nosotros vemos las 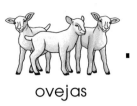 .

ovejas